Eva Rüscher · Neue riesengroße Fensterbilder

EVA RÜSCHER

NEUE RIESENGROSSE FENSTERBILDER

MIT VORLAGEN IN ORIGINALGRÖSSE

Christophorus-Verlag · Freiburg i. Br.

Inhaltsverzeichnis

Ein Rundgang durchs Jahr mit
riesengroßen Fensterbildern _ 5
Das Material Papier _____ 6
Das Übertragen der
Vorlagen _____ 8
Das Schneiden _____ 10
Das Befestigen _____ 12
Hilfsmittel und Tips _____ 13
Variationsmöglichkeiten _____ 14

Wir feiern Karneval
Clowns _____ 16
*Feuerdrache und
Eisdrache* _____ 18
Bunte Dino-Familie _____ 20

Frühling – Ostern
Zeit für Nachwuchs in der Natur
Osterhase _____ 23
Hühnerfamilie _____ 24
Entenmutter und Küken _____ 27
Katzenmutter und Kätzchen _ 28

Die Sommerzeit verspricht viel
Freude
Kinderbaum _____ 30
Kinderlandexpress _____ 34

Durch das große Tor geht es in
die Ferienwelt
Das große Tor _____ 40
Möwenbild _____ 42
Leuchtturm _____ 44
Elefantenmutter und Kinder _ 46
Papageien _____ 48
Elefant und Seehund _____ 52

Nun kündigt sich der
Winter an...
Pinguine _____ 54
Weihnachtskapelle _____ 56
Weihnachtsketten _____ 60
Weihnachtsfenster _____ 62

Ein Rundgang durchs Jahr mit riesengroßen Fensterbildern

Große Fensterscheiben begegnen uns nicht nur in Kindergärten, Schulen, Krankenhäusern und Behörden. Auch im privaten Wohnbereich lassen wir die Sonne und das Licht gern durch große Fensterflächen herein. Bei ungünstigem Lichteinfall sind dies für viele Vögel gefährliche Fallen. Und so findet man häufig die schwarzen Symbole der Greifvögel, die unsere kleinen gefiederten Freunde vor dem Zusammenprall mit der scheinbar zu durchfliegenden Fensteröffnung abschrecken sollen. Ersetzen Sie diese schwarzen Gesellen durch farbenfrohe Fensterbilder, die durch ihre Größe denselben Dienst tun, dabei Ihr Fenster noch schmücken und beim Betrachter Freude auslösen.

Damit diese Fensterbilder immer aktuell sind, finden Sie dem Jahreskreis entsprechende Vorschläge aneinandergereiht. Innerhalb jedes Kapitels kann unter den Motivvorschlägen ausgewählt werden: für jeden etwas. Und sagt Ihnen überhaupt keiner dieser Vorschläge zu, dann hat dieses Buch bestimmt Ihre Phantasie zu ganz eigener Gestaltung angeregt, was mir am liebsten wäre.

Sie werden in diesem Buch Fensterbilder in den unterschiedlichsten Schwierigkeitsgraden finden, wenn man überhaupt von Schwierigkeitsgrad reden will. Schwierig sind diese auch nicht, vielleicht ein bißchen zeitaufwendiger. Viele bestehen aus ganz einfachen Formen, die leicht auch schon von Kindern nachgearbeitet werden können und zu neuen, eigenen Ideen anregen. Aber auch Fortgeschrittene in Bezug auf Ausdauer und Fingerfertigkeit finden nach den Vorschlägen in diesem Buch ein angemessenes Betätigungsfeld, welches Anerkennung und vielleicht Bewunderung einträgt. Auch diesen Spezialisten sei gesagt, daß man durch Kombinieren der Motive zu eigenen Entwürfen kommt, vor allem, wenn man auch einmal den Zeichenstift zur Hand nimmt und zunächst Motivteile ergänzt. Ich bin sicher, daß Ihnen die Beschäftigung damit viel Freude machen wird und wünsche Ihnen ein gutes Gelingen.

Ihre Eva Rüscher

Das Material Papier

Schon als Kinder ahnten wir etwas von den unerschöpflichen Möglichkeiten des Materials Papier. Man kann darauf schreiben, malen und zeichnen. Man kann es auf vielfältige Weise dekorieren. Man kann Dinge darin einpacken und Objekte daraus formen. Ja, man kann sogar Möbel daraus herstellen. Papier ist für uns so selbstverständlich geworden und gerade deshalb sollten wir dem recht kostengünstigen Material Papier etwas mehr Aufmerksamkeit schenken.
Jeder kann für sich die kreativen Möglichkeiten, die der Werkstoff Papier bietet, erforschen. Die Voraussetzungen sind gut, denn Papier ist fester Bestandteil unseres Alltags. Wer interessante und schön bedruckte Papiere und Kartons sammelt, lernt schnell die Vielfalt dieses Stoffes kennen und schätzen.
Wir unterscheiden grundsätzlich bei farbigen Papieren zwischen Ton- und Buntpapier. Letztere sind weiße, auf einer Seite farbig bedruckte Papiere, die in matter oder glänzender Ausführung im Handel angeboten werden. Tonpapiere sind bei der Herstellung in der Papiermasse gefärbt worden, somit sind sie auch an den Riß- oder Schnittkanten farbig. Tonpapiere und Tonkarton unterscheiden sich durch die Stärke bzw. das Gewicht, das man in Gramm pro Quadratmeter (g/qm) mißt. Tonpapier wiegt ca. 120 g/qm, während Tonkarton mit einem Gewicht von 180 bis 220 g/qm im Handel erhältlich ist und

sich damit für stabile und tragende Teile der Fensterbilder anbietet.
Versuchen Sie nicht haargenau den Farbton zu finden, in dem die einzelnen Motive gearbeitet sind. Schon das Licht beim Fotografieren verändert den Farbton. Drucktechnische Gründe kommen hinzu. Selbst der Farbton der Papiere einer Firma kann bei verschiedenen Lieferungen differieren. Denken Sie an die Wolle, die ja sogar die Nummer des Farbkessels trägt, um Unterschiede zu vermeiden. Lagern Sie Ihre Papiere dunkel und achten Sie auch darauf, ob Ihr Händler das tut, denn auch der Lichteinfall verändert den Farbton. Wirklich lichtechte Papiere gibt es noch nicht, obwohl es schon gelungen ist, Material herzustellen, das dem Ausbleichen durch die Sonne länger und besser standhält, als die herkömmlichen Papiere.
Das normale Format bei Tonkarton und -papier beträgt genau 50 × 70 cm. Einige der in diesem Buch beschriebenen Arbeiten gehen über dieses Format hinaus. Kleben Sie dann einfach zwei Bögen Tonkarton zusammen oder besorgen Sie sich im Fachhandel Übergrößen, die allerdings häufig nur in Weiß lieferbar sind.
Rollen Sie bitte das Material nicht, auch auf dem Weg vom Handel nach Hause! Sie sollten sich für diesen Transport lieber eine genügend große Plastiktüte oder Mappe bereitlegen.

Das Übertragen der Vorlagen

Auf den eingelegten Vorlagenbögen finden Sie alle Vorlagen in Originalgröße. Um größtmögliche Klarheit zu gewähren, sind die kleinen Musterteile vielfach dem Text und Bild im Buch zugeordnet worden.

Zum Übertragen der Vorlagen gibt es verschiedene Möglichkeiten. Sie können die Muster durchpausen. Sehr hilfreich ist dabei Kopierpapier für Schneider, das Sie im Textil-Fachhandel erhalten. In einer Packung finden Sie zwei Bögen der Größe 83 × 57 cm in Weiß und Gelb. Das Pauspapier ist mehrfach benutzbar und aufgrund seines Formates für die riesengroßen Fensterbilder gut geeignet.

Sie legen die Zeichnung des Vorlagenbogens auf ein passendes

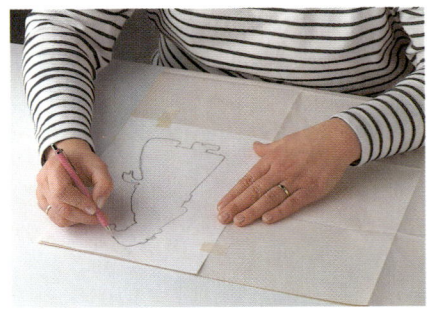

Stück Tonkarton (-papier). Dazwischen liegt das Pauspapier. Damit nichts verrutschen kann, befestigen Sie die Musterzeichnung mit einem Klebestreifen (siehe Abb. oben). Sie sehen die durchgezeichnete Form auf dem Tonkarton, dazwischen das Pauspapier (siehe Abb. rechts). Beim Übertragen der Vorlagen mit

Pauspapier müssen Sie immer darauf achten, daß Sie beim Schneiden die Pauslinien ganz wegschneiden. Sie lassen sich nicht ausradieren.
Diese Schwierigkeit können Sie vermeiden, wenn Sie folgende Möglichkeit der Übertragung wählen: Sie pausen das ganze Motiv auf einen großen Bogen Transparentpapier (oder Seidenpapier aus dem Textil-Fachhandel) durch. Auf die Rückseite der Zeichnungslinien legen Sie mit einem sehr weichen Bleistift (Nummer B4) oder Graphitstift (aus dem Zeichen-Fachhandel) enge Schraffuren. Nun legen Sie die Transparentzeichnung auf den Tonkarton, befestigen Sie sie am Rand mit Klebestreifen, damit nichts verrutscht, und fahren die ganze Zeichnung noch einmal nach. Durch die Schraffur auf der Rückseite bildet sich die Linie auf dem Tonkarton ab. Sie kann leicht ausradiert werden, wenn beim Schneiden Reste stehen bleiben sollten.

Für alle kleinen Musterteile (z.B. Weihnachtskapelle, Weihnachtsketten, Sommerbaum und Kinderlandexpress) ist es am günstigsten, wenn Sie sich Schablonen herstellen, die auch bei Gruppenarbeiten von Vorteil sind. Dazu legen Sie auf das Musterteil ein ausreichend großes Stück stabile Klarsichtfolie. Diese können Sie gut aus Verpackungsmaterial herausschneiden (Schachteln für Wolle, Geschenkkartons) oder Sie verwenden stabile Klarsicht-Einsteckhüllen, die im Büro-Fachhandel erhältlich sind. Zeichnen Sie auf diese Folie die Form mit einem wasserfesten Folienstift ab. Nun schneiden Sie die Form aus der Folie und haben damit eine immer wieder einsatzfähige Schablone. Sammeln Sie diese Schablonen! Bald haben Sie einen Vorrat, der Ihnen ganz eigene Kompositionen ermöglicht.

Das Schneiden

Auch wenn Sie noch keine Übung mit dem Papiermesser (Cutter) haben, sollten Sie es wagen, damit zu arbeiten. Nach kurzer Zeit werden Sie feststellen, daß der Cutter einfach, schnell und vor allen Dingen sauber schneidet. Im Handel gibt es verschiedene Modelle. Achten Sie beim Kauf darauf, daß der Cutter gut in der Hand liegt. Halten Sie ihn wie einen Füller, und achten Sie darauf, daß die Klinge gut einrastet. Beim Schneiden sollte nur ein Teil der Klinge ausgeschoben sein. Ist dieses Teil stumpf, brechen Sie es vorsichtig ab. Im allgemeinen ist dafür bei jedem Cutter ein kleines Hilfsgerät integriert. Sie können dazu aber auch eine Flachzange benutzen. Halten Sie das Messer dabei möglichst weit von sich, um Verletzungsgefahr zu vermeiden, die beim Abspringen der Klinge entstehen könnte. Lassen Sie diesen Vorgang nie von Kindern durchführen!

Wenn Sie mit dem Messer schneiden, brauchen Sie immer eine Unterlage. Das kann eine genügend große, stabile Pappe sein, wie Sie sie z.B. auf der Rückseite von Zeichenblöcken finden. Auch ein Stück Linolplatte, wie sie für Linoldrucke benutzt wird, eignet sich als Unterlage. Der Büro-Fachhandel bietet auch sogenannte Schneidewiesen (Cut mat)

an. Diese sind 3 mm starke Kunststoffplatten in DIN-Formaten, deren Oberfläche sich nach dem Einschnitt wieder schließt. Bei Keilschnitten, die bei kleinen Musterteilen häufig entstehen, trennt das Messer den Einschnitt allerdings heraus. Zurück bleibt eine störende Unebenheit. Der Nachteil dieser Platten ist der hohe Anschaffungspreis.

Schneiden Sie mit dem Messer, dann sorgen Sie für eine möglichst große Schneideunterlage, und schaffen Sie sich so viel Platz, daß Sie während des Schneidens das Werkstück mit der Unterlage ohne Schwierigkeiten in die Schneiderichtung drehen können.

Lassen Sie dabei die Spitze des Cutters im Werkstück stecken. So können Sie, ohne abzusetzen, weiterschneiden.

Schneiden Sie ökonomisch. Wenn Sie z.B. an die Häuser der Weihnachtskapelle (Seite 56) denken, so bietet sich an, erst alle senkrechten und dann alle waagerechten Linien zu schneiden. Das erspart mehrfaches Drehen und Schieben des Werkstückes.

Nicht alle Teile lassen sich mit dem Messer schneiden. Besorgen Sie sich für sehr kleine Teile eine ganz feine Schere (Nagelhautschere) und eine Handarbeitsschere (Länge ca. 14 cm). Damit sind Sie bestens gerüstet. Nehmen Sie das zu schneidende Teil in die Hand. Wenn das Papier doppelt liegt, fassen Sie die Faltkante an, da diese als letzte geschnitten wird. Sie hält Ihnen Ihre Werkstücke zusammen (siehe Abb. links). Beim Schneiden drehen Sie das zu schneidende Stück langsam in die weit geöffnete, sich langsam schließende Schere. Das ergibt saubere Schnittkanten (siehe Abb. Mitte und rechts).

Das Befestigen

Diese riesengroßen Fensterbilder können Sie natürlich nicht mehr aufhängen. Befestigen Sie Ihr Werkstück mit durchsichtigem Klebefilm an der Fensterscheibe. Dabei müssen Sie alle Teile, die hervorklappen oder durchhängen können, befestigen.
Wenn die Klebestelle fast unsichtbar sein soll, drehen Sie aus dem Klebefilm kleine Röllchen (Klebefläche außen), die Sie an allen notwendigen Stellen auf die Fensterseite des Werkstückes heften. Der Klebefilm kann sich durch starke Sonneneinstrahlung recht fest mit dem Glas verbinden. Wenn Sie einige Tropfen Pinselreiniger auf ein Tuch geben und kräftig reiben, lassen sich auch die letzten Reste des Klebefilms von der Scheibe lösen.

Hilfsmittel und Tips

Wie die Einzelteile bei einigen Motiven zusammengefügt werden, entnehmen Sie bitte der jeweiligen Abbildung. Seien Sie nicht allzu genau dabei. Ihre Phantasie weist dann dem Einzelteil den richtigen Platz schon zu. Zum Ausstanzen kleiner Öffnungen eignet sich eine Lochzange. Kleine Papierpunkte für Augen können Sie auch mit einem Bürolocher ausstanzen und aufkleben. Geklebt wurden die Arbeiten in diesem Buch mit UHU flinke flasche – ausgenommen die dünnen Papiere (Schrankpapier, Geschenkpapier). Hier empfiehlt sich ein Klebestift, z.B. UHU stic, der durch das dünne Papier nicht durchschlägt. In den folgenden Arbeitsbeschreibungen wird nur Klebstoff bzw. Klebestift erwähnt. Fassen Sie umfangreiche Kleinteile eines Motivs (z.B. Kinder beim Sommerbaum oder Kinderlandexpress) in einem Briefumschlag oder mit einer (Büro-) Klammer zusammen. Das erspart langes Suchen und Zuordnen.
Fast jeder kleine Karton- oder Papierrest kann irgendwann gebraucht werden. Zum Aufbewahren je Farbe eignen sich Illustriertenablagen aus Pappe, die nach oben geöffnet sind (Büro-Fachhandel). Beim Lagern jedoch sollten Sie diese zudecken, damit die Farben nicht bleichen.
Fragen Sie in Buchbindereien und Druckereien nach Papierresten. Ihre Farbpalette wird dadurch sehr bereichert!

Variationsmöglichkeiten

Viele Formteile der Fensterbilder können für Sie den Grundstock für neue Kompositionen bilden. Ich möchte Ihnen das mit den Formen der Weihnachtskette (Seite 60) einmal zeigen.

Kleben Sie die grünen Tannenbäume als Fries ins Fenster, und verteilen Sie darüber rote Sterne.

Oder kleben Sie abwechselnd Engel und Nikolaus, und dekorieren Sie mit Sternen aus Goldpapier.

Eine andere Möglichkeit bietet die Wiese des Osterhasen (s. Abb. 4. Umschlagseite). Hier sehen Sie, daß sich die Anfertigung der Schablonen – in diesem Fall aus stabiler Folie – lohnt.

Oder vergrößern Sie doch einmal die Mitglieder der Weihnachtskapelle, und lassen Sie diese – ohne Landschaft – im Gänsemarsch auf der Fensterscheibe spazierengehen.

Wir feiern Karneval

Clowns
Motiv A1-4

Material
Tonkarton in Blau, Orange, Gelb, Grün

Werkzeug
Cutter und Unterlage, Nagel- oder Hautschere

Diese lustigen Clowns wirken natürlich auch einzeln. Sie passen jeweils genau auf einen Bogen Tonkarton. Übertragen Sie dazu die Form vom Vorlagenbogen auf den Tonkarton. Aufgrund der großzügig geschwungenen Linien lassen die Clowns sich weitgehend mit dem Cutter schneiden. Bei kleinen Rundungen – Augen und Knöpfe – könnte Ihnen eine kleine Schere bessere Dienste leisten. Aus Papier- oder Kartonresten schneiden Sie Scheiben, die Sie als Riesenkonfetti oder Bälle zwischen die Clowns kleben können.

Feuerdrache und Eisdrache
Motiv B und C

Material
Tonkarton, je zwei Bögen in Rot und Blau, Tonpapier in Mittel- und Hellblau

Werkzeug
Cutter und Unterlage

Diese zwei machen allen Kindern Spaß! Die Formen sind leicht mit dem Messer zu schneiden und regen sicher zu neuen Entwicklungen an. Vielleicht finden Sie für den Feuerdrachen auch noch eine passende Verzierung, ähnlich wie beim Eisdrachen? Bei diesen riesigen „Viechern" kleben Sie einfach zwei Bögen Tonkarton aneinander oder besorgen sich im Fachhandel Material in Übergrößen.
Da diese Übergrößen in der Regel nur in Weiß zu bekommen sind, werden Kinder am Bemalen dieser Urzeittiere sicher viel Freude haben.

Bunte Dino-Familie
Motiv D1-4

Material
Tonkarton, 2 Bögen in Weiß, 3 Rollen Regenbogen-Buntpapier

Werkzeug
Cutter und Unterlage, Schere, Klebestift, schwarzer Filzstift

Schneiden Sie die Dino-Formen aus zwei Bögen Tonkarton, und beziehen Sie diese beidseitig mit Regenbogen-Buntpapier. Davon benötigen Sie drei Rollen. Kleben Sie die großen Papierflächen besser mit einem Klebestift, damit sich möglichst wenig Verwerfungen im Papier bilden. Augen und Münder deuten Sie mit einem schwarzen Filzstift an.

Frühling – Ostern
Zeit für Nachwuchs in der Natur

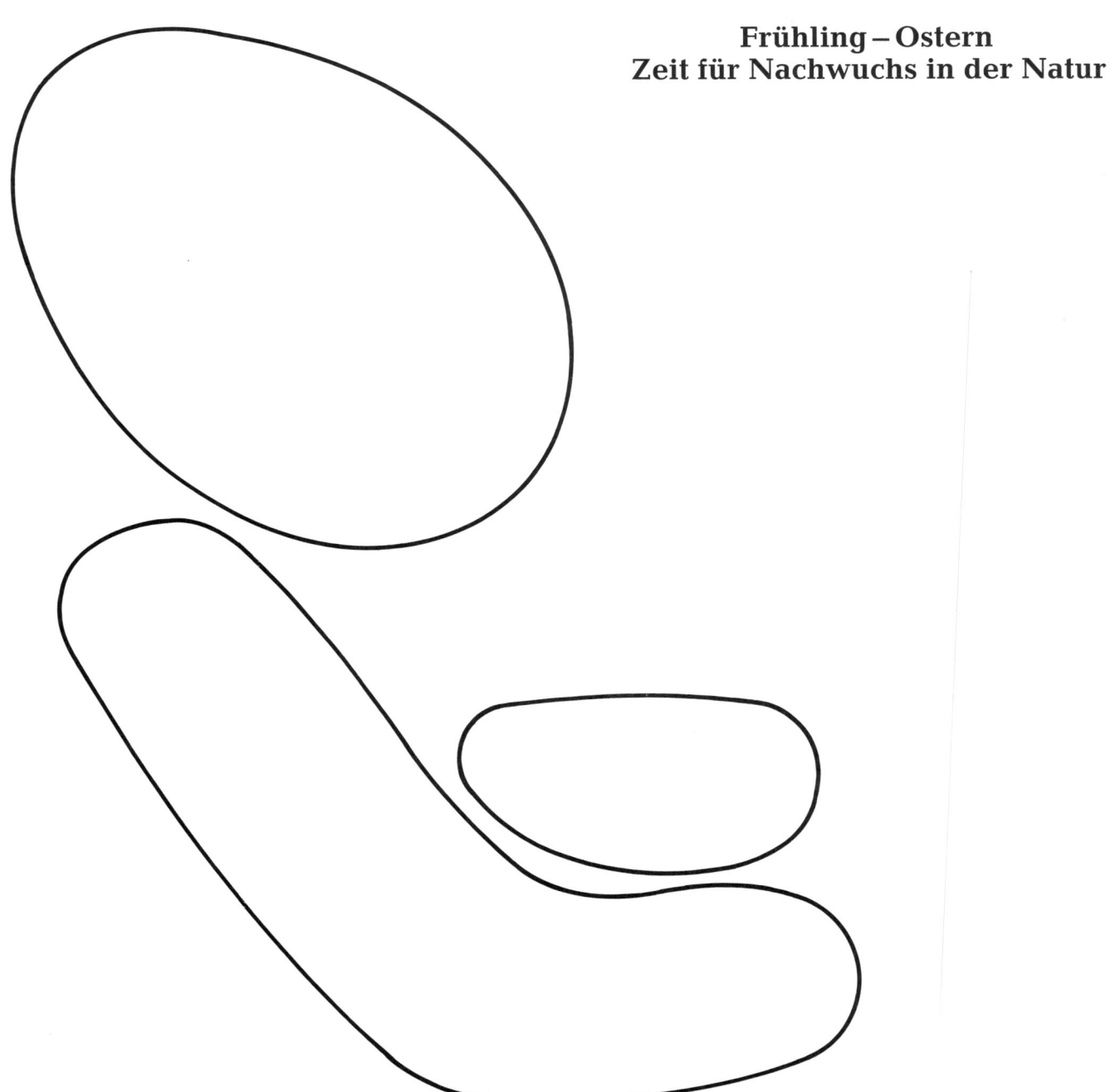

Osterhase
Motiv E1-4

Material
Tonkarton in Hell- und Dunkelbraun, Tonpapier in Grün, Regenbogen-Buntpapier, Rest weißes Papier

Werkzeug
Cutter und Unterlage, Schere

Der Osterhase besteht aus einer Vielzahl von Formen. Jede für sich ist einfach zu schneiden. Aufpassen müssen Sie dagegen beim Zusammenkleben. Wenn Sie den Hasen aus einem Bogen Tonkarton geschnitten haben, schneiden Sie die Kiepe aus doppelt gelegtem Tonpapier. Zwischen die Kiepenteile kleben Sie die Ostereier. Da diese aus Regenbogen-Buntpapier geschnitten sind, das nur einseitig bedruckt ist, müssen Sie auch die Eier doppelt ausschneiden und die weißen Flächen gegeneinander kleben. Die Kiepenteile kleben Sie ebenfalls deckungsgleich zusammen und auf den Hasenrücken. Fügen Sie nun die Hasenarme mit je einem Ei beidseitig ein. Vergessen Sie das weiße Schwänzchen nicht. Zu Füßen des Hasen kleben Sie die Wiesenteile auf und verteilen dort noch einige bunte Eier.

Hühnerfamilie

Motiv F

Material
Tonkarton in Gelb

Werkzeug
Cutter und Unterlage, Nagel- oder Hautschere

Wenn Sie die Hühnerfamilie auf den Tonkarton übertragen haben, schneiden Sie sich die Außenform erst einmal grob zu. Wegen besserer Stabilität geht es erst innen weiter! Alle geraden oder weit gebogenen Linien schneiden Sie mit dem Cutter. Die engen Rundungen lassen sich besser mit einer Nagelschere ausschneiden. Als letztes wird der dünne Rahmen geschnitten, der die Hühnerfamilie umgibt.
Als weitere Gestaltungsmöglichkeit bietet sich bei diesem Fensterbild an, die einzelnen Formteile jeweils für sich auf Tonkarton zu übertragen. Dann erhalten Sie eine Hühnerfamilie, die Sie ganz nach Ihren individuellen Wünschen anordnen können.

Entenmutter und Küken
Motiv G1-3

Material
Tonkarton in Braun, Tonpapier in Gelb und Grün

Werkzeug
Cutter und Unterlage, schwarzer Filzstift

Zeichnen Sie die Grundform platzsparend an den Rand des Tonkartonbogens. Wenn Sie diese Grundform dann ausgeschnitten haben, werden Sie feststellen, daß sie seitenverkehrt noch einmal auf Ihren Tonkartonrest paßt.

Benutzen Sie dazu Ihre ausgeschnittene Grundform als Schablone. Da das Fensterbild einfach zu schneiden ist, können Sie nicht nur Ihr eigenes Fenster schmükken, Sie haben auch gleichzeitig noch ein schönes Geschenk!
Die gelben Küken und die Wiesenteile schneiden Sie aus doppelt gelegtem Tonpapier, und kleben Sie diese an den passenden Stellen an. Die Schnäbel und Augen der Tiere werden mit einem dickeren, schwarzen Filzstift angemalt.

Bei diesem Fensterbild können Sie ohne Probleme durchgehend mit dem Papiermesser arbeiten.

Katzenmutter und Kätzchen
Motiv H

Material
Tonkarton in Gelb

Werkzeug
Cutter und Unterlage

Diese quirlige Familie paßt genau auf einen Bogen Tonkarton. Die einfachen Formen lassen sich gut mit dem Cutter schneiden. Dabei sollten Sie nur einer Stelle besondere Aufmerksamkeit widmen. Sie ist im Vorlagenbogen mit Pfeilen gekennzeichnet. Schneiden Sie diese Stelle bitte als letztes aus, damit sie beim steten Drehen und Wenden während des Schneidens nicht reißt.
Sie können die Katzenkinder auch einzeln ausschneiden und, im Schwerpunkt aufgehängt, untereinander befestigen. Dann erhalten Sie ein lustiges Mobile. Dazu müssen Sie nur einige Pfötchen ergänzen.

Die Sommerzeit verspricht viel Freude

Kinderbaum
Motiv J

Material
Tonkarton in Dunkelbraun, Tonpapier in Hell- und Dunkelgrün, Reste in verschiedenen Farben, dicke hellbraune Wollfäden, Rest Goldpapier

Werkzeug
Cutter und Unterlage, Nagel- oder Hautschere

Für dieses Fensterbild brauchen Sie etwas mehr Geduld und Zeit. Aber die Mühe lohnt sich, denn das Motiv behält seine Gültigkeit über einen längeren Zeitraum.
Bitte beachten Sie, daß dieses Fensterbilder erst auf der Vorderseite, und danach auf der Rückseite beklebt wird. Das erspart Ihnen unnötiges Wenden. Hier ist es von Vorteil, wenn Sie die doppelt benötigten Motivteile sortieren und diese mit einer Büroklammer zusammenhalten, bis Sie sie verwenden wollen.
Das Baumgerüst schneiden Sie aus einem Bogen Tonkarton. Alle anderen Teile werden aus doppelt gelegtem Tonpapier geschnitten. Dazu sollten Sie lichtechtes Tonpapier benutzen – falls Sie es im Fachhandel bekommen können. Es verliert die Farbe langsamer als das normale.
Damit Ihnen der Kinderbaum gelingt, hier die genaue Anleitung:

1 Legen Sie am besten zuerst die Einzelteile zur Platzbestimmung lose auf den Baumstamm. Kleben Sie dann an den Stamm aus braunem Tonkarton die aus zwei Grüntönen ausgeschnittenen Blattwerkteile in der angegebenen Reihenfolge von 1 (links unten beginnend) bis 10. Achten Sie dabei auf die in der Abbildung ersichtlichen Stellen, wo die Blattwerkteile miteinander bzw. mit dem Baum verbunden sind, das erhöht die Stabilität. In der Baumkrone muß für Kind C genug Platz bleiben, damit dieses einen Schritt zum Ast machen kann.

2 Kleben Sie in die große Astgabel das Baumhaus.

3 Hängen Sie an den zweiten Ast von links die Strickleiter.

4 Kleben Sie an den unteren Ast rechts das Schaukelteil. Achten Sie darauf, daß die Katze über den Schaukelpunkten auf dem Ast Platz hat.

5 Knüpfen Sie nun für Kind A ein Stück Wollfaden an den unteren Ast links. Auf diesen Faden kleben Sie die Grundformen des Kindes A so gegeneinander, daß der Faden durch die Beine läuft.

6 Kleben Sie die Grundform von Kind B auf die Strickleiter, und verfahren Sie genauso mit Kleidungsteilen und Haaren.

7 Kleben Sie die Grundform von Kind C auf den höchsten Ast, so daß das Kind einen großen Schritt auf den nächsten Ast macht. Verfahren Sie mit den Kleidungsteilen und Haaren ebenso, wie bei den Kindern A und B.

8 Setzen Sie die Grundform von Kind D auf das Dach des Baumhauses, bekleiden es und geben ihm die Trompete in die Hand.

9 Kleben Sie die Teile der Kinder E und F ins Baumhaus. Kind E

bekommt einen Wollfaden in die Hand, an dessen Enden die Eimerteile festgeknotet bzw. aufgeklebt werden. Kleben Sie den Eimer mit einer Ecke an den Stamm, damit der Wollfaden gerade hängt. Kind F kleben Sie Nähgarnfäden an, die zwischen die Ballonteile geklebt werden. Die Andeutung des Armes zeichnen Sie von der Hand ausgehend mit einem Stift an.

10 Auf die Schaukel kleben Sie zuerst die Grundform des Kindes G aufeinander und bekleiden es vollständig. Davor kleben Sie die Grundform des Kindes H und vervollständigen auch dieses mit Hose und Haaren.

11 Das zweite und dritte Blattwerkteil verbinden Sie mit einigen Vogelsymbolen.

Kinderlandexpress
Motiv K

Material
Tonpapier in Farben Ihrer Wahl, ein Stück Schrankpapier

Werkzeug
Cutter und Unterlage, Nagel- oder Hautschere, Klebstoff, Klebestift

Bringen Sie auch für dieses Fensterbild – genau wie für den Kinderbaum – Geduld und viel Zeit mit.
Alle Teile werden aus doppelt gelegtem Tonpapier gearbeitet, das möglichst lichtecht sein sollte. Es verliert die Farbe langsamer als das einfache Tonpapier und erhält Ihnen länger die Freude an Ihrem Werkstück. Wählen Sie die Farben für den Bus und die Kleider der Kinder selbst aus oder orientieren Sie sich an der Abbildung. Die Körpergrundteile, Hände und Füße sollten Sie aber aus Tonpapier in der Farbe Ocker hell ausschneiden.
Damit es auch bestimmt klappt, hier die genaue Anleitung:

1 Innenseite der ersten Autohälfte nach oben auf den Tisch legen.

2 Beide Trittbretteile zusammenkleben und unter das Fahrerfenster an den unteren Rand bei (1) kleben.

3 Beide Kurbelteile zusammenkleben und bei (1) am Kühler festkleben.

4 Innenteil Kind 3 beidseitig mit Pullover bekleben, beide Steuerradteile ankleben, an das Steuerrad Handformen ankleben und Ärmellinien einzeichnen. Nun das Kind in (1) im Führerhaus ankleben.

5 Von der Außenseite (1) das Kind 3 mit den Haaren am Bus festkleben, zweite Haarform beiseite legen.

6 Ein Innenteil von Kind 4 bekleben Sie einseitig mit dem gelben Pullover, so daß die Hand auf die Außenseite von (1) reicht. Dabei bleibt am Kind ein kleiner Kleberand vom Pullover frei.

7 Kleben Sie die erste Hälfte von Kind 4 knappkantig an das mittlere Busfenster, die Hand reicht nach außen.

8 Kleben Sie nun die zweite Hälfte von Kind 4 auf die erste in der Businnenseite, *ohne* die Arme

aufeinanderzukleben! Verfahren Sie mit dem zweiten Pulloverteil genau so, und kleben Sie beidseitig die Haare an.

9 Bekleben Sie ein Innenteil von Kind 5 einseitig mit dem blauen Pullover, so daß die Hand an der Außenseite von (1) herausreichen kann. Kleben Sie die Form mit der freibleibenden Klebekante in die leere Ecke des mittleren Fensters.

10 Von der Außenseite (1) einmal die Haare aufkleben und die zweite Haarform beiseite legen.

11 Kleben Sie nun das zweite Innenteil von Kind 5 auf das erste. Dabei kleben Sie den Arm, der aus dem Fenster herausragen soll, *nicht* fest. Dann kleben Sie das zweite blaue Pulloverteil auf.

12 Bekleben Sie ein Innenteil von Kind 8 mit dem orangenfarbenen Pullover. Die entstandene Klebekante befestigen Sie hinten am Bus. Kleben Sie eine Haarform an der Außenseite von (1) an, und legen Sie die andere Haarform beiseite.

13 Kleben Sie das zweite Innenteil von Kind 8 und den zugehörigen Pullover auf das erste Teil, dabei dürfen die Hände *nicht* zusammengeklebt werden.

14 Kleben Sie ein Teil des gelben Dachgitters an die obere Businnenseite.

15 Kleben Sie die zwei kleinen Kofferteile deckungsgleich an das große Kofferteil. Kleben Sie dann die Koffer so am Dachgitter fest, daß hinten noch ein Kind Platz hat.

16 Bekleben Sie ein Innenteil von Kind 7 mit dem grünen Pulli, und kleben Sie es so auf das Dach, daß es die Hände an der Außenseite von (1) herunterstreckt. Diese kleben Sie fest.

17 Das zweite Innenteil von Kind 7 kleben Sie nur an Kopf und Schultern am ersten Innenteil fest. Auch den Pullover kleben Sie nur im Schulterbereich fest. Die zugehörigen Haare kleben Sie beidseitig auf.

18 Kleben Sie nun den zweiten Teil des gelben Dachgitters fest. Schieben Sie dabei die Hände von Kind 7 über das Gitter.

19 Nun kleben Sie das zweite Busteil auf das erste. Beachten Sie dabei, daß die Hände der Kinder im mittleren Fenster und die Hände des Kindes auf dem Dach auf die Außenseite angehoben werden müssen. Schieben Sie das zweite Busteil erst ohne Klebstoff in die richtige Position, und kleben Sie es anschließend partieweise fest.

20 Kleben Sie nun die zweiten Haarformen von Kind 3, 5 und 8 an.

21 Kleben Sie ein Innenteil von Kind 2 nur mit Kopf und Rücken auf die Trittbrettkante. Kleben Sie die Hose auf und den Pullover nur am Rücken an. Machen Sie einen kleinen Einschnitt am Ärmel, durch den der Teddy geschoben werden kann, und kleben Sie diesen und die Haare am Bus fest. Verfahren Sie mit dem zweiten Teil des Kindes 2 deckungsgleich auf der anderen Busseite.

22 Befestigen Sie die Räder beidseitig. Beim Ankleben der schwarzen Punkte achten Sie auf Deckungsgleichheit (vors Licht halten!).

23 Kleben Sie ein Innenteil von Kind 6 an das hintere Rad vor das leere Fenster. Dann befestigen Sie Hose, Hemd, Haare und Schuhe.

24 Bevor Sie das zweite Innenteil von Kind 6 mit den ganzen Zubehörteilen auf das erste Teil kleben, befestigen Sie den kleinsten Koffer in den Handflächen des Kindes.

25 Kleben Sie ein Innenteil von Kind 1 mit der Hand an der Kurbel an. Kleben Sie das zweite Innenteil dagegen, und vervollständigen Sie es dann mit Hemd und Hose.

26 Befestigen Sie den Scheinwerfer beidseitig so, daß er in Kopfhöhe des Kindes 1 sitzt. Erhöhen Sie die Stabilität, indem Sie Kind 1 mit den Haaren am Scheinwerfer befestigen.

27 Kleben Sie nun bei Kind 4 beidseitig die Lokomotive an und auf dem großen Koffer die Aufkleber.

28 Ziehen Sie mit einem weichen Bleistift (läßt sich besser radieren) eine *dünne* Linie, auf der Sie mit einem weißen Buntstift die Worte „Kinderlandexpress" und „Fahr mit" schreiben.

29 Schneiden Sie das Tuch aus doppelt gelegtem Schrankpapier und kleben es zwischen die Hände von Kind 8. Sollten Sie eine karierte Papierserviette nehmen, kleben Sie diese mit einem Klebestift, damit der Klebstoff nicht durchschlägt.

**Durch das große Tor
geht es
in die Ferienwelt**

Das große Tor
Motiv L

Material
Tonkarton in Blau

Werkzeug
Cutter und Unterlage, Lochzange, Nagel- oder Hautschere

Auch mit diesem Motiv können Sie lange Zeit Ihr Fenster schmücken.
Da es sich hauptsächlich um gerade oder leicht geschwungene Linien handelt, können Sie das meiste mit dem Cutter schneiden. Die Augen der Vögel stanzen Sie mit der Lochzange aus oder arbeiten Sie mit einer feinen Nagelschere.

Möwenbild
Motiv M

Material
Tonkarton in Hellblau

Werkzeug
Cutter und Unterlage, Lochzange, Nagel- oder Hautschere

Schneiden Sie bei diesem Fensterbild erst alle geraden Linien und die großen gebogenen Linien mit dem Cutter. An den klein gebogten Linien, an der Flügelunterseite und am Wasser schneiden Sie erst grob mit dem Cutter entlang. Erst wenn die Zwischenräume weggeschnitten sind und man gut in das Fensterbild hineinfassen kann, nehmen Sie dieses in die Hand und schneiden die gebogten Linien mit einer kleinen Nagelschere. Die Augen der Möwen können Sie mit einer Lochzange ausstanzen.

43

Leuchtturm

Motiv N

Material
Tonkarton in Blau

Werkzeug
Cutter und Unterlage, Nagel- oder Hautschere

Sie brauchen einen Bogen Tonkarton für den Leuchtturm. Die vielen geraden Linien können Sie problemlos mit dem Cutter schneiden. Sollten Ihnen die Wellen im unteren Bildteil für das Messer zu geschwungen sein, machen Sie einfach ein paar gerade Schnitte in die Wellenlinien, und führen Sie den Schnitt von hier aus mit einer Schere zum Wellenrand.
Schneiden Sie zuerst die Wellen, damit Ihnen die zarten Häuser nicht verknicken.

Elefantenmutter und Kinder
Motiv O

Material
Tonkarton in Grau

Werkzeug
Cutter und Unterlage, Klebstoff, schwarzer Filzstift

Die Unterkante des Fensterbildes entspricht genau der Tonkartonbreite. Schneiden Sie die großen Formen mit dem Cutter aus. Kleben Sie die Ohren der Elefanten nur an der Vorderseite an, sie wirken dann plastischer. Deuten Sie mit einem schwarzen Filzstift Augen und Füße an, und schon ist Ihr Fensterbild fertig!

Papageien
Motiv P1-6

Material
Tonkarton in Weiß, Regenbogen-Buntpapier

Werkzeug
Cutter und Unterlage, Nagel- oder Hautschere, Klebstoff, schwarzer Filzstift (eventuell auch farbige)

Arbeiten Sie die Papageien aus weißem Tonkarton. Die farbigen Teile sind aus doppelt gelegtem Regenbogen-Buntpapier geschnitten. Wenn Sie die Musterteile für jeden Vogel in einen separaten Briefumschlag legen, erleichtert das die Zuordnung. Die Schnäbel und Füße könnten auch mit einem Filzstift bemalt werden. Vielleicht würden Ihre Kinder diese Papageien sowieso viel lieber bemalen, anstatt sie zu bekleben?

Elefant und Seehund
Motiv Q

Material
Tonkarton in Grau, Tonpapier in drei Rot-, zwei Gelb- und vier Blautönen

Werkzeug
Cutter und Unterlage, Schere, Klebstoff, Klebeband

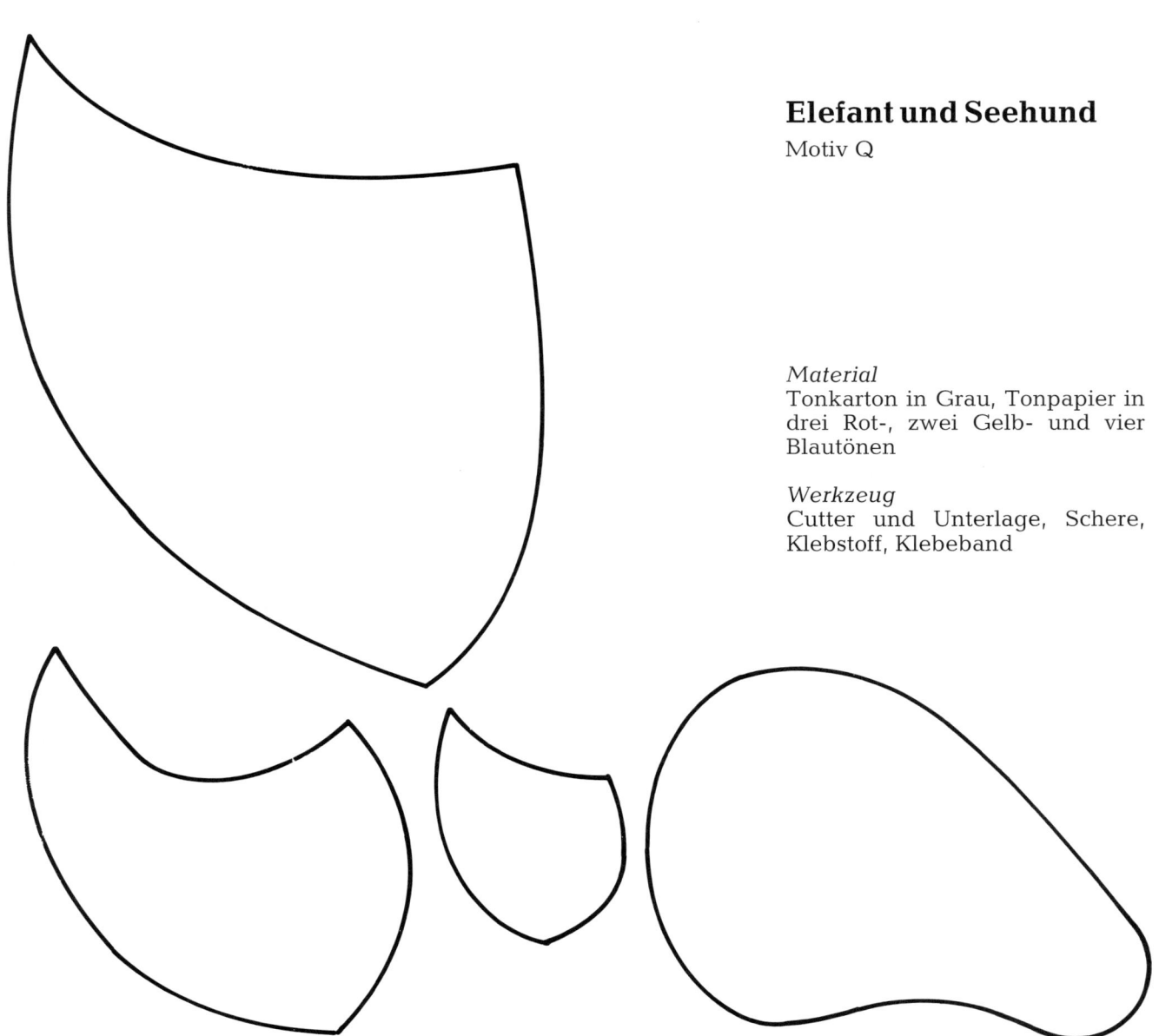

Ganz schnell haben Sie die gelehrigen Tiere mit dem Cutter aus einem Bogen Tonkarton ausgeschnitten. Mehr Arbeit machen die Bälle, die Sie natürlich auch einfarbig aus Tonpapier kleben können!
Legen Sie die Segmente für einen Ball erst aufeinander, und schieben Sie die Teile so lange hin und hier, bis sie außen einen Kreis ergeben. Fixieren Sie diese Lage mit einem Stück Klebeband. Dann drehen Sie den Ball um und kleben ihn auf die graue Grundform. Korrigieren Sie die Ränder eventuell mit einer feinen Schere. So verfahren Sie dann mit den beiden anderen Bällen.

Nun kündigt sich der Winter an...

Pinguine
Motiv R1-5

Material
Tonkarton in Weiß, Tonpapier in Hellblau, Schwarz

Werkzeug
Cutter und Unterlage, Schere, hellblauer Buntstift, schwarzer und gelber Filzstift, Bürolocher

Schneiden Sie die Grundform der Pinguine aus einem weißen Tonkartonbogen. Für das Wasser nehmen Sie einen halben Bogen Tonpapier in der Länge geteilt und falten diesen längs doppelt. An die Faltkante legen Sie die gerade Linie der Wasserschablone. Wenn Sie die gezackte Oberkante des Wassers ausgeschnitten haben, schneiden Sie diese Teile *nicht* auseinander, sondern schieben die Pinguinunterkante in die Falte hinein und kleben sie fest. Mit einem hellblauen Buntstift zeichnen Sie die Kanten der Eisschollen nach, wie sie in der Abbildung sichtbar sind. Vervollständigen Sie die Pinguine mit den schwarzen Formteilen. Dabei sind die stehenden Pinguine von links nach rechts durchnumeriert (Nr. 1,2,3,2,4).
Beim Aufkleben dieser Teile sollten Sie das Fensterbild immer wieder gegen das Licht halten, damit die schwarzen Teile wirklich deckungsgleich sitzen. Den eintauchenden Pinguin (5) fertigen Sie zweimal an und kleben ihn auf die vorgesehene Stelle.
Nun bemalen Sie die Oberseite der Schnäbel mit einem schwarzen und die Unterseite der Schnäbel mit einem gelben Filzstift. Mit einem dünnen schwarzen Filzstift zeichnen Sie eine Kontur (Umrißlinie) um den gelben Schnabelteil. Weiße Locherpunkte markieren die Augen.

Weihnachtskapelle
Motiv S

Material
Lackkarton in Weiß, Tonpapier in Rot, Grün, Braun, Schwarz, Ocker, Goldfolie

Werkzeug
Cutter und Unterlage, Nagel- oder Hautschere, Klebstoff

Auf einem weißen Lackkarton tummeln sich die Mitglieder der Weihnachtskapelle. Wenn Sie dieses Bild nicht ins Fenster, sondern z.B. an eine Tür hängen wollen, kleben Sie es nur einseitig. Für ein Fensterbild schneiden Sie alle Teile aus doppelt gelegtem Tonpapier aus. Fügen Sie aus den einzelnen Formteilen die Musiker einmal als ganze Figur zusammen, und ordnen Sie diese auf der weißen Fläche an. Halten Sie beim Aufkleben der Einzelteile der Gegenstücke den Karton immer wieder gegen das Licht, damit die Teile der Figuren wirklich deckungsgleich aufeinander sitzen.
Viel Spaß beim Einzelteile-Puzzle!
Den Bommel des Dirigenten kleben Sie nur mittig an, so wirkt es plastischer. Den Dirigentenstab schneiden Sie aus einem dünnen Goldpapierstreifen. Bei der Trommel drücken Sie das Goldpapier zur besseren Differenzierung der Form an den Innenlinien leicht ein.

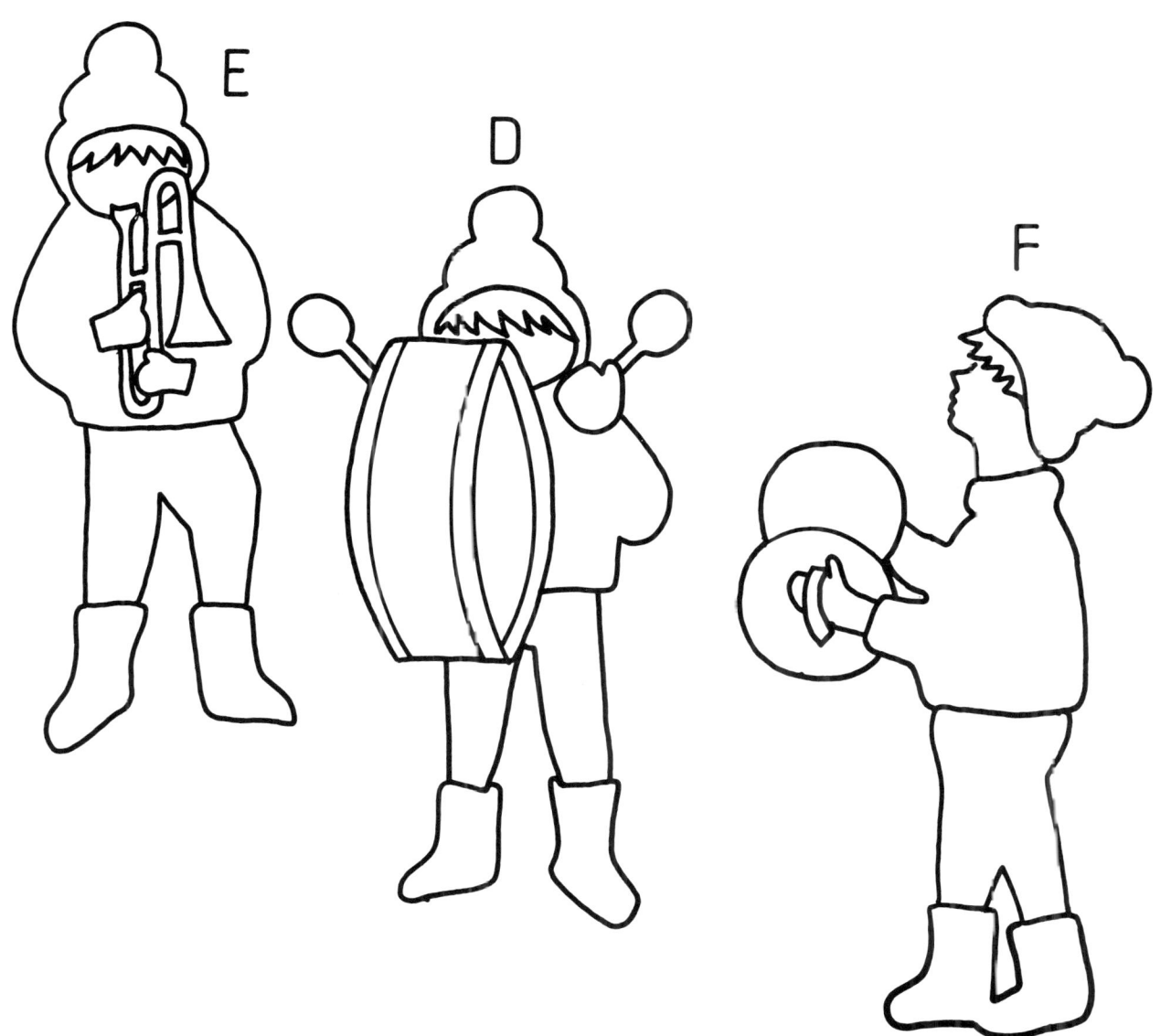

Weihnachtsketten
Motiv T

Material
Tonpapier in Weiß, Rot, Grün, grüner Wollfaden

Werkzeug
Schere, Klebstoff

Wie vielseitig diese Motive einsetzbar sind, können Sie auch auf Seite 14 und 15 sehen.
Mit den Weihnachtsketten können Sie riesige Fenster dekorieren. Im Aufwind der Heizung bewegen sich die Figuren dann zart. Möglich wäre auch, diese Ketten im Treppenhaus zu spannen und so eine Art Vorhang zu schaffen. Schneiden Sie sich einen genügend großen Vorrat an Figuren aus, und kleben Sie diese Teile gegeneinander auf einen ausreichend langen Wollfaden in der von Ihnen gewünschten Reihenfolge.

Weihnachtsfenster
Motiv U

Material
Tonkarton, zwei Bögen in Weiß, Schreibmaschinenpapier, Tonpapier in Grün, Elefantenhaut in Rot, Klarsichtfolie

Werkzeug
Cutter und Unterlage, Nagel- oder Hautschere, Klebstoff, Bleistift

Schneiden Sie aus weißem Tonkarton den Fensterrahmen zweimal aus. Legen Sie die Teile aufeinander, und gleichen Sie eventuelle Unregelmäßigkeiten aus. Kleben Sie auf *beide* Innenflächen Klarsichtfolie. Befestigen Sie die Kerzen und die Schneekristalle auf einer Klarsichtfolien-Innenseite mit nur einem Tupfen Klebstoff, damit die Feuchtigkeit nicht durchschlägt. Legen Sie das zweite Fenster darauf. Zwischen den Folien liegen die Kerzen und Schneekristalle jetzt ganz geschützt. Kleben Sie den Ilexzweig aus doppelt gelegtem Tonpapier beidseitig auf, und verzieren Sie ihn mit einigen roten Beeren.

Die Kerzen sind aus sogenannter Elefantenhaut geschnitten. Ein stabiles Papier, das in sich leicht gewölbt erscheint. Der Buchbinder braucht es und gibt auch oft kostenlos Reste ab.
Den Mistelzweig können Sie auch als Tischdekoration strahlenförmig von einer Kerze in der Mitte aus anordnen.
Die Schneekristalle werden aus Papierkreisen von ca. 6 cm Durchmesser angefertigt. Falten Sie den Papierkreis erst zur Hälfte, dann im Drittel aufeinander (siehe Zeichnung). Zeichnen Sie die Muster zart auf die Oberseite der

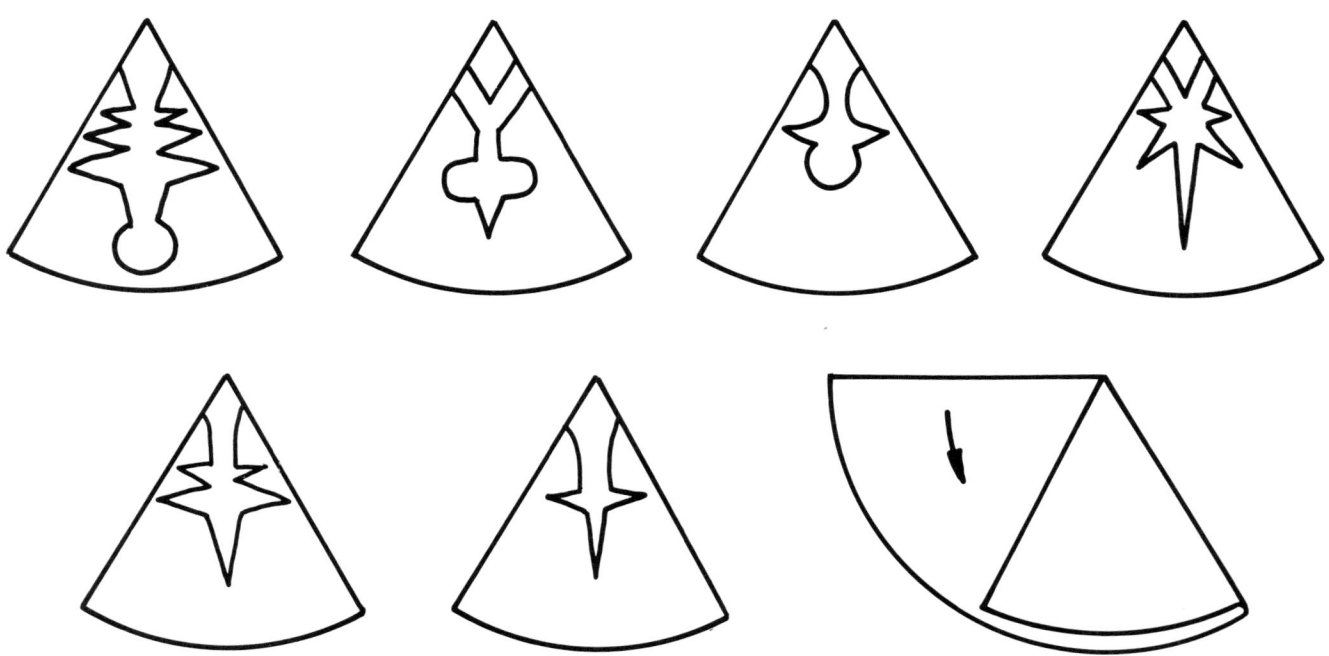

Faltung. Schneiden Sie die Form aus. Sollten Bleistiftstriche auf dem Papier stehenbleiben, versuchen Sie, diese vorsichtig vor dem Auseinanderfalten auszuradieren.

Sie können auch einzelne Schneekristalle um das Fensterbild herum direkt auf die Scheibe kleben. Benutzen Sie zum Aufkleben dann Tapetenkleister. Er läßt sich problemlos wieder lösen.

Besonders Kinder schneiden gern Schneekristalle, weil jede Form anders wird als die vorhergegangene.

Eva Rüscher ist 1947 in Gummersbach im Oberbergischen geboren. Sie ist ausgebildete Kunst- und Werklehrerin und arbeitet seit fast zwanzig Jahren in diesem Beruf. Sie unterrichtet an der Realschule in Höxter und gibt nebenbei Bastelkurse für Jugendliche und Erwachsene.

Die Deutsche Bibliothek – CIP-Einheitsaufnahme

Neue riesengroße Fensterbilder: mit Vorlagen in Originalgröße/ Eva Rüscher. – 2. Aufl. – Freiburg im Breisgau: Christophorus-Verlag, 1992 (Hobby & Werken) ISBN 3-419-53515-5

© 1992 Christophorus-Verlag GmbH
Freiburg im Breisgau

Alle Rechte vorbehalten.
Printed in Germany

Jede gewerbliche Nutzung der Arbeiten und Entwürfe ist nur mit Genehmigung der Urheberin und des Verlages gestattet. Bei Anwendungen im Unterricht und in Kursen ist auf dieses Buch der Reihe Hobby & Werken hinzuweisen.

Styling und Fotos: Peter Nielsen, Umkirch
Reinzeichnungen:
Anne Marie Friedel
Umschlaggestaltung:
Michael Wiesinger
Reproduktionen:
Schaufler, Freiburg i. Br.
Herstellung: Konkordia Druck GmbH, Bühl 1992